I0455181

Diccionario Especializado de Términos Técnicos: Construcción

Terminología de la Industria de la Construcción

Inglés-Español-Inglés

José Luis Leyva

Copyright © 2014 José Luis Leyva

All rights reserved – Derechos reservados

Idea Editorial – www.ideaeditorial.com

Translapro Translator and Interpreter Network - www.translapro.com

Serie: Diccionario Especializado de Términos Técnicos

Diseño, investigación y compilación:

Daniel Medina, Roberto Gutiérrez, Pablo M. Jurado

ISBN: 1502468166
ISBN-13: 978-1502468161

PREFACIO

Este libro será de gran utilidad para quienes se desarrollan en el ámbito de la industria de la **construcción**. Es una guía que contiene los términos clave y que más frecuentemente se utilizan en esta industria. A diferencia de otros diccionarios, este manual se enfoca solamente en los términos de **construcción** más frecuentemente utilizados, y presenta los equivalentes en ambos idiomas de forma sencilla y práctica.

ENGLISH-SPANISH
INGLÉS-ESPAÑOL

A

abatement, remoción de riesgo

abrasive, abrasivo

abrasive wheel and tool, piedra de esmeril y herramienta abrasiva

abut, unir/ensamblar

abutment, estribo/soporte

abutting joint, junta a tope

acceleration, aceleración

accelerator, acelerador

accordion doors, puertas plegadizas

acetylene, acetileno

acoustic impedance, impedancia acústica

acoustic reactance, reactancia acústica

acoustical board, panel acústico

acoustical ceiling coating, recubrimiento de cielorraso acústico

acoustical material, material acústico

adhesive, adhesivo

adjustable bolt inserts, acoplamientos de pernos ajustables

adjustable wrench, llave ajustable

administrative controls, controles administrativos

admixture, aditivo

adobe, adobe

aerated concrete, concreto aireado

aerial bucket, canasto aéreo

aerial lift, canasta elevada

aerial lift truck, canasta elevada motorizada

agate, ágata

aggregate, áridos

air arc-gouging equipment, equipo de aire para corte con arco

air brick, ladrillo hueco

air compressor, compresor de aire

air dried lumber, madera secada al aire

air ejector, inyector de aire

air gun, pistola de aire

air jacketed melter, fundidor con camisa de aire

air line respirator, respirador con línea de aire

air lock, bloqueo por aire

air source heat pump, bomba de calor con aire como fuente caliente

air storage receiver with alarm, tanque recipiente de aire con alarma

air tight, hermético

air tightness, hermeticidad

airborne, suspendido en el aire

airbrush, aerógrafo

air-entrained concrete, concreto celular

air-purifying full facepiece respirator, respirador con máscara completa purificadora de aire

air-purifying half-mask respirator, respirador con mascarilla purificadora del aire

air-purifying mouthpiece respirator, respirador con boquilla purificadora de aire

alive, vivo

Allen screw, tornillo Allen

alloy steel chain, cadena de aleación de acero

aluminum, aluminio

aluminum foil insulation, aluminio para aislamiento

aluminum frame, marco de aluminio

American National Standards Institute (ANSI), Instituto Americano de Normas Nacionales

anchor, anclaje

anchor blocks, macizos de anclaje

anchor bolts, pernos de anclaje

anchor plates, placa de anclaje

anchorage, anclaje

anchorage member, pieza de anclaje

angle grinder, pulidora angular

angle iron, angular

angle of repose, ángulo de reposo

anhydrous lime, cal anhidra

annealed wire, alambre recocido

apartments, apartamentos

arc cutting, corte por arco eléctrico

arc welding, soldadura por arco eléctrico

arch, arco

arch brick, ladrillo abovedado

architecture, arquitectura

armored cable, cable armado

armored wood, madera armada

artificial marble, mármol artificial

asbestine, asbestina

asbestos, asbesto

asbestos containing material, material que contiene asbesto

asbestos lumber, amianto prensado

ash, ceniza

asphalt, asfalto

assemble, armar

assured equipment grounding conductor program, programa para asegurar la conexión a tierra del equipo

attaching ground, conexión a tierra

auger, barrena

automatic time switch, apagador / interruptor automático

axe, hacha

B

back butter, método de fijación con mortero

back splash, salpicadero

backdrag, aplanar

backfilled excavation, excavación rellenada

backhoe, pala retro-excavadora

backing brick, ladrillo de relleno

backing rod , varilla de soporte

backnailing, clavar por el revés

backnut, contratuerca

backstress, contrapeso

balcony, balcón

bank, terraplén

bar, barra

bar handle, empuñadura de barra

bare conductor, alambre eléctrico sin aislamiento

barricade, barrera

barrier, barrera

base coat, capa base

base plate, placa de soporte

baseboard, zoclo

basket, canasta

basket stretcher, camilla de canasta

battery, batería

beaded joint, junta achaflanada

beam hanger, estribo de viga

beam/girder, viga

bearer, soporte

bearing plate, placa de asiento (vigas)

belt conveyor, banda transportadora

bend, doblar

bent bar, barra curva

bevel washer, rondana / arandela achaflanada

bi-directional machine, maquina con movimiento en dos direcciones

blasting, detonación

blown joint, junta soldada con soplete

blueprints, planos

boatswain's chair scaffold, andamio de silla mecedora

body belt, cinturón de seguridad

boiled oil, aceite de linaza cocido

boiler, caldera

bolting, empernado

bonding jumper, puente eléctrico

boom, puntal

bottom rail, cabio bajo

box frame, bastidor de cajón

brace, abrazadera

bracing, reforzamiento

bracket, soporte

bracketing, armadura interior de una cornisa

braided rope, soga trenzada

branch circuit, circuito ramal

branch line, línea de distribución

brass, latón

brick, ladrillo / tabique

bricklayers' square scaffold, andamio con base cuadrada para albañil

bridging joist, jácena

bridle sling, brida

brittle fracture, fractura por fragilidad

bronze, bronce

brownstone, arenisca ferruginosa

brush, cepillo

brushed cement, cemento escobillado

bucket, cubeta

buckle, hebilla

buffed/smoothed cement, cemento pulido

builder´s acid, acido para limpiar ladrillos

builder´s staging, andamiaje pesado

building, edificio

building block, bloque

building brick, ladrillo de construcción

building permit, permiso de construcción

building stone, piedra de construcción

bulk sample, muestra gruesa

bulkhead, mampara

bull float, aplanadora de concreto

bull header, ladrillo aplantillado

bull wire, alambre para jalar

bulldozer, tractor con pala mecánica

bumper, parachoques/defensa

buoyant vest, chaleco salvavidas

burglar alarm, alarma contra ladrones

bursting safety factor, factor de seguridad para estallido

bus bar, barra colectora

butt, cabo de mecha

butt hinge, bisagra plana

butt joint, junta recta

C

cab window, ventana de cabina

cabinet, gabinete

cabinet work, ebanistería

cable, cable

cable attachments, cables de enganche

cage, jaula

caisson, cámara de aire comprimido

calcium carbonate, carbonato cálcico

calcium chloride, cloruro cálcico

caliduct, caliducto

canister, filtro

canopy, capota

cant brick, ladrillo con bisel

cantilever, viga en voladizo

cantilever joists, viguetas voladizas

cantilever type personnel hoist, montacargas voladizo para trabajadores

cantilevered, voladizo

capital cost, costo de capital

capping brick, ladrillo de coronación

car arresting device, dispositivo inmovilizador del carro

carbon-arc welding, soldadura por arco con electrodos de carbón

carpenter, carpintero

carpenters' bracket scaffold, andamio de palometa de carpintero

carpet strip, felpudo de puerta

cartridge fuse, fusible de cartucho

case, bastidor

casing, marco

cast iron, hierro fundido

catch, pestillo

catch platform, plataforma de detención

caterpillar, tractor de oruga

cathedral, catedral

caught-in, atrapado

caulking, calafeteado

caulking compound, masilla de calafatear

caustic, sustancia cáustica

cave-in, derrumbe/desprendimiento

ceiling, cielo

ceiling beam, viga del plafón

ceiling joists, viguetas de techo

ceiling light, lámpara de techo

ceiling panel, plafón

ceiling tiles, paneles de techo

ceiling worker, trabajador de plafón

cement, cemento

cement paste, pasta de cemento

chain, cadena

chain saw, sierra de cadena

chain sprocket, rueda dentada de cadena

chain tongs, llave de cadena

check list, hoja de comprobación

chemical, químico

chicken ladder, tablón con listones

chimney blocks, bloques para conducción de humos

chimney cap, caperuza

church, iglesia

chute, conducto

cinder block, bloque de cenizas

cinder concrete, concreto de cenizas

circuit breaker, interruptor de circuito

circular saw, sierra circular

city block, cuadra

clamping plate, junta de conexión

clay, arcilla

clay shale, arcilla esquistosa

cleanout, registro

clear safety lens, lente de seguridad transparente

clearance, margen

clearance distance, margen de seguridad

cleat, peldaño

cleat wiring, grapas para tendido de cable

closure, cierre

cluster lamp, lámpara de brazos

coarse aggregate, gravilla

cob, ladrillo crudo

cockpit, cabina

cofferdam, dique provisional

cold joint, junta de trabajo

cold weather concreting, concretado en tiempo frío

cold-drawn steel, acero estirado en frío

collecting system, sistema colector

colonnade, columnata

colored tile, azulejo

column, columna

column anchorage, anclajes de pilares

compressed air chamber, cámara de aire comprimido

compression bars, barras de compresión

compressor, compresor

compressor plant, planta compresora

concrete, concreto/hormigón

concrete breaker, martillo rompe-concreto

concrete bucket, cubeta para concreto

concrete buggy, carrito para cargar concreto

concrete form, molde para concreto

concrete mixer, mezcladora para concreto

concrete saw, sierra para concreto

concrete vibrator, vibrador para concreto

condominium, condominio

conductive bucket, cubeta conductora de electricidad

conductive clothing, vestimenta conductora de electricidad

conductive ladder, escalera conductora de electricidad

conduit box / pull box, caja de derivación

conduit bushing, manguito de conducto

confined space, espacio confinado

connector, conector

constant pressure switch, interruptor de presión constante

construction site, obra

construction waste, residuos de derribo de la construcción

control panel, panel de control

controlled access zone, zona de acceso controlado

controlled decking zone, zona controlada durante instalación de cubierta

convector radiator, radiador por convección

conveyor, transportador

conveyor belt, banda transportadora

coolant, fluido refrigerante

coping brick, ladrillo de albardilla

coping frame, armazón de sierra caladora

copper, cobre

copper clout nail, tacha de cobre

copper plating, cobreado galvánico

cord and plug, cordón y enchufe

cord-to-cord connection, conexión de cordón a cordón

cork tiles, losetas de corcho

corner angle, ángulo

corner boards, angulares de madera

cornerstone beam, castillo

corrugated iron, hierro ondulado / placa ondulada

corrugated iron fastener, afianzador de acero corrugado

corrugated material, material ondulado

corrugated material, material corrugado

corrugated metal, metal corrugado

coulisse, madera acanalada

counter, cubierta

coupled cylinder, cilindro acoplado

coupler, acoplador

coupling pin, pasador de acoplamiento

cover plate, platabanda

covered joint, junta a media madera

crack, grieta

cradle, cuna

crane, grúa

crawler dozer, tractor de orugas

crawler tractor, tractor de oruga

creosote, creosota

cribbed, acunado

cross beam, viga transversal

cross brace, cruceta

cross bracing, reforzamiento transversal

cross-connection, interconexión

cross-grain, grano transversal

current-carrying part, parte conductora de corriente

curtain, cortina

cushion head, falso pilote

cutter, cortador

cylinder, cilindro

cylinder ring, rondana / arandela para cerradura de husillo

cylinder valve, válvula del cilindro

D

dead bolt, cerrojo muerto

dead-end point, terminal de línea eléctrica

dead-man switch, interruptor de contacto continuo

decibel, decibel

deck, plataforma

deck paint, pintura para cubiertas

deck roof, azotea

decking, cubierta

decontamination, descontaminación

decorator scaffold, andamio para decorador

de-energized, sin energía

de-energized conductor, conductor sin energía

deformed bar, barra deforme

demolition, demolición

demolition ball, bola de demolición

dentil band, moldura denticulada

desk, escritorio

detonating cord, cordón detonador

diagonal bracing, refuerzo diagonal

dig, excavar

disconnect switch, interruptor

dish sink, fregadero

disposal, eliminación

ditch digger, zanjadora

door, puerta

door frame, marco de la puerta

door pull, tirador de puerta

door stop, tope de puerta

door switch, apagador / interruptor de puerta

doorknob, perilla

doorplate, placa para puerta

dope, material absorbente

double cleat ladder, escalera doble de peldaños

double hung window, ventana de guillotina doble

double plate, chapa de refuerzo

double trimmer, doble viga

dowel, clavija de alineamiento

down leg, tramo descendente

down lighting, iluminación con reflectores de luz directa

downspout, bajante pluvial

downstream filter, filtro de salida

drafting instructions, anteproyecto

drain, dren

drain down, escurrimiento

drainpipe, tubo de drenaje

drawer pull, tirador de cajón

dressed lumber, madera cepillada

drift pin, pasador ahusado

drip mold, moldura de goterón

drop siding, forrado de tablas solapadas

drop wire, acometida

drum-type hoist, izador tipo tambor

dry lumber, madera seca

drywall mud masher, amasadora para juntas

ducts, conductos

dump truck, camión de volteo

duplex cable, cable doble

duplex lock, cerrojo doble

dust, polvo

dust mask, máscara para el polvo

E

ear plugs, tapones de oídos

earth bearing structure, estructura de soporte de suelo

earth work, movimiento de tierra

earthmoving equipment, equipo para movimiento de tierra

eco-house, ecovivienda

edge forms, molduras

edge joint, junta angular

edge sub-drains, desagües laterales

effectively grounded circuit voltage, voltaje de un circuito conectado a tierra de manera efectiva

eggshell, color semi-mate

electric blasting, detonación eléctrica

electric cord, cable eléctrico

electrical shock, choque eléctrico

electrician, electricista

electricity, electricidad

electrocution, electrocución

electrode, electrodo

electrode holders, porta-electrodos

electromagnetic, electromagnético

electrostatic, electroestático

elevating work platform, plataforma de trabajo elevadiza

elevation, elevación

elevator, elevador / ascensor

emergency stop switch, interruptor para parada de emergencia

employee, empleado/obrero

enclosed fuse, fusible encerrado

enclosing-screen, malla protectora

enclosure, encerramiento

end lap joint, unión a media madera

endless sling, eslinga sin fin

end-of-life cost, costo de fin de ciclo

energy demand, demanda energética

engine, motor

engineer´s brick, ladrillo prensado

engineering controls, controles de ingeniería

entrance switch, apagador / interruptor de servicio

entryway, entrada

environment, ambiente

environmental impact, impacto ambiental

environmental performance, comportamiento ambiental

equipment, equipo

erection crane, grúa para izar

escalator, escalera mecánica

excavation, excavación

excavator, excavadora

exhaust duct, conducto de extracción

exhaust pipe, tubo de extracción

exhaust system, sistema de extracción

expand, extender

expansion joint, junta de dilatación

expansion sleeve, manguito de dilatación

expansion strip, material para junta de dilatación

exposed aggregate, concreto con árido visto

extension cord, extensión eléctrica

extension platform, plataforma de extensión

extinguisher, extintor

extra overhang, faldón

eye sling, eslinga de argolla

eye splice, empalme de argolla

eyebolt, cáncamo

F

fabricated frame scaffold, andamio de armazón tubular soldado

fabrics, tejidos

face brick, ladrillo de fachada

face conveyor, transportador de frente

face grain, laminación de piezas planas

face joint, junta de fachada

face mask, máscara

face shield, careta

face side, lado de cara

face veneer, hoja exterior/contrachapado

faced plywood, madera contrachapada revestida

faceted, biselado

faience, barro vidriado

failure, falla

fall arrest, detención de caída

fall arrest system, sistema de detención de caídas

fall hazard, riesgo de caída

fall hazard training, entrenamiento sobre riesgos de caída

fall height, altura de caída

fall protection, protección contra caídas

fall protection equipment, equipo de protección contra caídas

fall protection system, sistema de protección contra caídas

fall restraint system, sistema de prevención de caídas

falling object protection, protección contra objetos en caída

false rafter, cabio falso

fan coil units, unidades de serpentín y ventilador

fascia panel, lámina exterior del panel

faucet sink aerator, aereador para grifos de lavamanos

fault current, corriente de pérdida

fauna passage, paso para la fauna

featheredging, biselado

female plug, clavija hembra

fence line, vallado

fence run, tramo de la cerca

fiberglass, fibra de vidrio

fiberglass reinforced plastic, plástico reforzado con fibra de vidrio

field bolt, perno

field modified, modificada en el campo de trabajo

fill, relleno

fill oiled sand, arena de relleno aceitada

filler, material de relleno

filler block, bloque de relleno

filler metal, metal de relleno

fill-type insulation, aislamiento por relleno

filter pad, almohadilla filtrante

fine aggregates, árido fino

finish coat, capa de acabado

finish hardware, ferretería de acabado

finishing, acabado

finishing varnish, barniz de acabado

fire, fuego/incendio

fire alarm, alarma de incendio

fire clay, arcilla refractaria

fire extinguisher, extintor

firebrick, ladrillo refractario

first aid, primeros auxilios

fissure, grieta/fisura

fitting, accesorio

fittings, accesorios

fixed, fijo

fixed ladder, escalera fija

flagman, abanderado

flame, llama

flammable, inflamable

flammable gas, gas inflamable

flange, pestaña

flash-arresting screen, parallamas

flash-back, retroceso de la llama

flashpoint, punto de inflamación

flexible cable, cable flexible

flexible cord, conductor flexible

flexible fitting, aditamento ajustable

flexible jumper cord, cable flexible para puente eléctrico

float, flotador

float scaffold, andamio colgante

flood control, control de inundación

flood lights, lámpara de alta intensidad

floor hole, hueco en el piso

floor plug, enchufe de piso

Floor/level, planta

flooring, piso

fluorescent lighting, iluminación fluorescente

flush switch, apagador / interruptor empotrado

flux, fundente

flying, partícula volátil

foot bolt, falleba de pie

foot protection, protección para pie

foot-candles, candelas largas

footing, zapata

footing excavation, excavación para zapata

forklift, montacargas

form, molde

form oil, aceite para moldes

form scaffold, andamio de molde

formwork, moldaje

foundation, cimientos

foundation bolt, anclaje de cimentación

fountain, fuente

frame, marco

framework, armazón

framing operation, operación de ensamblaje

free fall, caída libre

fresh concrete, concreto fresco

fret, greca

front of steps, peraltes

front weights, contrapesos

front-end loader, cargador delantero

fulcrum point, punto de apoyo

fume, humo

furnishings, herrajes

furniture, mobiliario

fuse, fusible

fuse (explosive), mecha

fuse box, caja de fusibles

fuse link, fusible (elemento)

fuse strip, fusible de cinta

fuse wire, alambre para fusible

G

galvanized steel, acero galvanizado

galvanizing tank, tanque de galvanización

gantry crane, grúa de caballete

gas cutting, corte por llama oxiacetilénica

gas mask, máscara antigás

gas mask canister, filtro para máscara antigás

gas welding, soldadura por llama de gas

gasoline, gasolina

gas-shielded arc welding, soldadura por arco protegido por gas

gauge, indicador

gear, engranaje

generator, generador

gin pole, martinete

girder supports / girder posts, apoyos de viga

glass, vidrio

glass stop, junquillo para cristales

glazier´s putty, masilla de cristalero

glove bag, bolsa plástica sellada para remoción

gloves, guantes

glue water, agua de cola

governor tripping speed, velocidad de disparo del regulador

grab rail, pasamano

grade figure, cota de nivel

grade line, línea de nivelación

grade trimmer, compensador de nivel

graded, clasificado

grader, niveladora

grape stake fence, cerco rústico de palos

gravel, grava

gravel pile, pilote de grava

gravity loads, cargas por gravedad

gray reservoir, depósito de aguas grises

green belt, zona verde

green lumber, madera verde

grid, rejilla

grinder, pulidora

grindstone, piedra de afilar

ground, tierra

ground fault, pérdida de tierra

ground jumper cable, cable para puente eléctrico con conexión a tierra

ground line, cable a tierra

ground resistance, resistencia a tierra

ground return, retorno a tierra

ground return cable, cable de retorno a tierra

ground support, puesto a tierra

ground water table, nivel freático

ground wire, alambre de tierra

grounded outlet/ wire, contacto aterrizado

ground-fault circuit, circuito con pérdida a tierra

ground-fault circuit interrupter, interruptor de circuito con pérdida a tierra

grounding, conexión a tierra

grounding circuit, circuito de conexión a tierra

grounding conductor, conductor de conexión a tierra

grounding electrode, electrodo de conexión a tierra

grout, lechada

guard, guarda

guarded, protegido

guardrail, barandal

guardrail system, sistema de barandas

gutter, canal

guy line, línea de retención

guying, retención de vientos

H

half mask, mascarilla

hammer, martillo

hammerhead tower crane, grúa de martillo

hand-held powered drill, taladro mecánico manual

handrail, pasamano

hanger, estribo

hanging scaffold, andamio colgante

hard hat, casco

hardboard, madera prensada

hardened concrete, concreto endurecido

hardware, accesorios metálicos

hardwood, madera dura

harmful dust, polvo nocivo

harness, arnés

harsh, concreto pobre

hat, sombrero

hatchway, escotilla

hauling, remolque

headed waxed woodscrews, tornillos de acero inoxidable para madera

header, dintel

headlight, luz delantera

heat number, capacidad térmica

heat protection regulations, reglamentaciones sobre protección térmica

heat recovery systems, sistemas de recuperación de calor

heating and cooling system, sistema de calefacción y enfriamiento

heavy, pesado

heavy duty electric cord, cordón eléctrico de uso rudo

heavyweight concrete, concreto de árido grueso

height of closing, altura de cerramiento

height of opening, altura de arranque

helicopter crane, grúa helicóptero

helmet, casco

hemispherical bearing, soporte hemisférico

hempseed oil, aceite de semilla de cáñamo

high bleed valve, válvula de purga superior

high top boots, botas de canilleras altas

high-end custom, personalizado de lujo

hinge, bisagra

hitch command, control de enganche

hoist, izador

hoist line, cable de izar

hoist rope, cuerda de izar

hoist tower, torre del montacargas

hoisting drum, tambor elevador

hole, orificio/hueco

hollow concrete block, bloque hueco de cemento

hollow core door, puerta con hueco aislante

hood, campana

hook, gancho

hopper frame, bastidor de ventanillo

horizontal directional driller, perforadora direccional horizontal

horizontal grinder, esmeriladora horizontal

horse scaffold, andamio de caballete

hose, manguera

hose coupling, conexión de manguera

hot slag, escoria caliente

hot weather concreting, concretado en tiempo caluroso

house, casa

housed brace, jabalcón empotrado

housing, empotrado

hydraulic control, control hidráulico

hydraulic fluids, líquidos hidráulicos

hydraulic jack, gato hidráulico

hydraulic tool, herramienta hidráulica

I

IDLH, inmediatamente peligroso a la vida y la salud

impact assessment, evaluación de impacto

impact loading test, prueba de caída por impacto

impact noise, ruido por impacto

impact wrench, llave de impacto

impedance, impedancia

impulsive noise, ruido interrumpido

independent pole scaffold, andamio de poste independiente

independent wire rope core, alma de cable independiente

induced voltage, voltaje inducido

inert-gas metal-arc welding, soldadura por arco metálico en gas inerte

inhalation, inhalación

inlay, incrustación

input energy, energía de entrada

insulated, aislado

insulating concrete, concreto aislante

insulation, aislamiento

insulation blanket, mantel

insulation shielding, protector del aislamiento

insulator, aislador

interior hung scaffold, andamio colgante para interiores

interior wiring, cableado interior

internal burning medium, mecanismo de combustión interna

intrinsically safe, intrínsecamente seguro

iron, hierro

isolated, aislado

J

jack, gato

jack hammer, martillo neumático

jack scaffold, andamio de palometa

jet pipe, tubo inyector

jib, brazo de grúa

jiffy mud and resin mixers, mezcladoras instantáneas de barro y resinas

jigsaw, sierra caladora

joint, junta

joint runner, junta de soldadura

joist anchor, anclaje de vigueta

joist hangers, estribos para vigueta

jumbo brick, ladrillo jumbo

jumper, cable de puente eléctrico

junction box, caja de conexión

juxtaposition, yuxtaposición

K

king closer, ladrillo de caja

knee brace, esquinero

knob, perilla

knob insulator, aislante de porcelana

knob-and-tube wiring, instalación eléctrica provisional

knuckle joint, junta de mansarda

L

label, etiqueta

labeling, etiquetado

lacquer, laca

ladder, escalera portátil

ladder jack scaffold, andamio de palometa en escalera

ladder-type platform, plataforma de escalera

lagging, forro de tablones

laminate, lamina

laminated rafter, cabio laminado

laminated wood, madera laminada

lamp, lámpara

land plane / steamroller, niveladora / aplanadora

landfill, vertedero

landing, plataforma de carga

landing platform, plataforma de descanso

landmark, punto sobresaliente

landscaping, decoración de terreno exterior

lanyard, cuerda de seguridad

large area scaffold, andamio de área grande

lath, malla metálica

lay, trenza

layout, trazo

leachate, lixiviado

lead , plomo

lead screw anchor, anclaje de tornillo de avance

lead wire, conductor principal

leads, cables conductores

leak, fuga

lean construction, construcción sin pérdida

lean-to scaffold, andamio reclinado

ledger, puente

leg, pata

level, nivel

lever, palanca

lid, tapa

life jacket, chaleco salvavidas

life saving equipment, equipo de salvamento

lifeline, cuerda de seguridad

lifesaving skiff, bote salvavidas

lift slab construction, pisos prefabricados

lift truck, montacargas

light metal type platform, plataforma de metal para trabajos livianos

lighting criteria, criterio de iluminación

lightweight construction, construcción ligera

limestone, piedra caliza

lineman, celador

linseed oil, aceite de linaza

liquefied petroleum gas, gas licuado de petróleo

live load, carga viva

live load, carga viva

live part, parte viva

living areas, áreas habitables

living room, sala de estar

load, carga

load bearing wall, muro de carga

load line, cable de carga

load plate, placa de carga

loader, cargador

local exhaust ventilation, ventilación por extracción local de aire

lock, candado/cerradura

locked magazine, depósito cerrado

locking device, dispositivo inmovilizador

locking dogs, seguros con traba

locking ring, anillo inmovilizador

lockout, bloqueo de energía usando candado

lockout/tagout, bloqueo de energía usando candado y etiqueta

log, tronco

long strip, plancha

long track crawler, oruga de bastidor largo

long welded rail, riel largo soldado

loose fill, relleno suelto

loose-fill insulation, aislamiento de relleno

looseness, holgura

low reinforced structure, estructura con bajo contenido de armaduras

lumber, madera

luxurious, lujoso

M

machine, máquina

machine bolts, pernos roscados

machine grounding, conexión a tierra de las máquinas

main beams, trabes

maintenance, mantenimiento

male plug, clavija macho

manhole, pozo de registro

manifold, múltiple/distribuidor

manifolded cylinder, cilindro ramificado

manila rope, cuerda de cáñamo

manual test, prueba manual

manually propelled mobile scaffold, andamio movible impulsado manualmente

marble, mármol

marbling, marmolado

marking, rotulación

masonry, albañilería/mampostería

masons' adjustable multiple-point suspension scaffold, andamio ajustable de suspensión múltiple

master plan, plan maestro

mastics, mastiques

material, material

mating fitments, accesorios de conexión

max building footprint, máxima superficie de construcción

max site coverage, máxima superficie del sitio

maximum intended load, carga máxima calculada

means of egress, modo de salida

measuring rope, cuerda para medir

measuring tape, cinta para medir

mechanic, mecánico

mechanical lock, cerradura mecánica

melt-through, fusión total

mesh, malla

metal, metal

metal angle, angular de metal

metal bracket form scaffold, andamio de molde con palometa de metal

metal form, molde de metal

metal plate, plancha de metal

metal strip, banda metálica

metal ties, anclajes de metálicos

metal truss, viga metálica

metallic insulation, aislamiento metálico

meter, metro

micro-concrete, microhormigón

midrail, larguero intermedio

mill scale, óxido de hierro

mineral aggregate, árido mineral

mineral wool, lana mineral

mini-excavator, mini-excavadoras

minimum clearance distance, distancia mínima de seguridad

mirror, espejo

mobile crane, grúa móvil

mobile scaffold, andamio móvil

model, maqueta

modular brick, ladrillo modular

mold remediation, eliminación de moho

molded, moldeado

molding, moldura

mold-proofing, tratamiento anti-moho

Molly expansion anchor, anclaje de expansión tipo Molly

monument, monumento

mortar, mortero/argamasa

mortar mixer, mezcladora de mortero

mortar sand, arena para mortero

motor, motor

motor vehicle, vehículo de motor

mouthpiece respirator, respirador con boquilla

mud flap, guardafango

mud sill, durmiente

multi-level suspended scaffold, andamio de suspensión con niveles múltiples

multi-point adjustable scaffold, andamio ajustable de suspensión múltiple

muzzle, bozal

N

nail, clavo

nailers, clavadoras

nailing block, apoyo para clavazón

natural aggregates, áridos naturales

natural cooling, refrigeración natural

needle beam, viga de espiga

needle beam scaffold, andamio de espiga

net, red

net present cost, costo neto actualizado

night-time ventilation system, sistema de ventilación nocturna

nipple, manguito roscado

noise, ruido

non-conductive, no conductor de electricidad

normal weight concrete, concreto de peso normal

nut, tuerca

O

offgassing, emisión de compuestos volátiles

off-grid electricity, electricidad sin conexión a la red

oil varnish, barniz de aceite

old wood, madera de derribo

open end hose, manguera de boca descubierta

open flame, flama abierta

open web steel joist, vigueta de acero con alma abierta

opening, abertura

open-sided, lado expuesto

outlet, tomacorriente

outlet box, caja para tomacorriente

output capacity, capacidad de salida

outrigger, estabilizador

outrigger beam, viga voladiza

outrigger ledger, puente voladizo

outrigger scaffold, andamio voladizo

overcurrent, sobrecorriente

over-current device, dispositivo de protección contra sobrecorriente

over-current protection, protección contra sobrecorriente

overhang, pretil

overhead crane, grúa elevada

overhead hoist, torno de izar

overhead line, línea aérea

overhead power line, línea eléctrica aérea

overhead protection, resguardo superior

overspeed preventive device, dispositivo que impide el exceso de velocidad

oxyacetylene torch, soplete oxiacetilénico

oxygen, oxígeno

oxygen deficient, nivel bajo de oxígeno

oxygen depleting, agotamiento de oxígeno

oxygen displacing, desplazamiento del oxígeno

P

padding, almohadillado

padlock, candado

paint, pintura

painter´s putty, masilla de pintor

palace, palacio

pallet, tarima

particulate contaminant, contaminante en partículas

passageway, pasillo

passive building design, diseño de edificios pasivo

passive cooling system, sistema pasivo de refrigeración

pattern, patrón

paving stone, adoquín

payback period, periodo de amortización

peak, pico

peak sound pressure level, nivel máximo de presión de sonido

permeability, permeabilidad

permeability agent, agente de permeabilidad

personal climbing equipment, equipo para trepar usado por el personal

personal protective equipment, equipo de protección personal

personnel hoist, elevador para trabajadores

photovoltaic electricity, electricidad fotovoltaica

pick-up truck, camioneta

picture rail, banquetilla de friso

pier, estribo

pile driving, hincapilotes

piling, pilotaje

pin, clavija

pipe, tubo

pipe fittings, accesorios para tubos

pipe hangers, perchas para tubos

pipe wrench, llave de perro

pipes, tubería

pit, foso

plain concrete, concreto en masa

plain-sawed wood, madera en tablones

plan, plano

plank, tabla

planked, entablado

plant, planta

plaster, yeso

plaster mortar mixer, mezcladora de mortero de yeso

plasterers' scaffold, andamio para enyesar

plastic anchors, anclajes de plástico

plastic concrete, concreto plástico

plastic tile, piezas especiales de plástico

plastics, plásticos

plate, placa

platform, plataforma

plug, clavija

plumber, fontanero

plumbing, plomería

plywood, madera laminada

pneumatic power tool, herramienta neumática

pneumatic riveting hammer, martillo neumático remachador

pneumatic tool, herramienta neumática

pocket door, puerta corredera

pole, poste

pole hole, hoyo para poste

pole scaffold, andamio de poste

polystyrene, poliestireno

pond, estanque

porch canopies, toldos para terraza

portable electric tool, herramienta eléctrica portátil

portable trench box, caja portátil para zanja

positive energy building, edificio de energía positiva

post occupancy evaluation, evaluación postocupación

post-tensioned concrete, concreto postensado

potable water, agua potable

pour (concrete), colar (concreto)

power drill, perforadora eléctrica

power line, línea eléctrica

power shift, transmisión

power shovel, pala mecánica

power take off (PTO), toma de fuerza

power transmission and distribution, transmisión y distribución de energía

powered industrial truck, camión industrial

precast concrete, concreto prefabricado

prefabricate, prefabricar

preservative, agente de conservación

pressed brick, ladrillo agramilado

pressure, presión

pressure vessel, recipiente a presión

prestressed concrete, concreto pretensado

presumed asbestos containing material(PACM), material que se presume contiene asbesto

priming coat, capa tapaporos

process vessel, recipiente de procesamiento

projection hazard, riesgo de objetos salientes

propane, propano

protective ground, conexión a tierra para protección

protective helmet, casco de seguridad

protective systems, sistemas de protección

proximity warning device, aparato de aviso de proximidad

pull switch, apagador / interruptor de cordón

pulling line, línea de tracción

pulling ring, aro de tracción

pulling tension, tensión por tracción

pump, bomba

pump jack bracket, palometa de gato

pump jack scaffold, andamio de gato

pumpcrete system, sistema para bombeo de concreto

putty in plastering, mastique para enlucidos de yeso

Q

qualified person, persona calificada

quarry, cantera

quick lime, cal viva

R

rack, bastidor

radiating brick, ladrillo adovelado

rafter, vigueta

rail, barandilla

rail bolt, anclaje de barandilla

railing, rieles

ratchet hoist, elevador por trinquete

ready-mix concrete, concreto pre-mezclado

ready-mix truck, camión de pre-mezclado

receptacle outlet, tomacorriente de receptáculo

rectangular tie, anclaje rectangular

reflective insulation, aislamiento reflectante

refractory brick, ladrillo refractario

regulated area, área reglamentada

reinforced concrete, concreto armado

reinforcing bars, armadura

reinforcing steel, acero de refuerzo

release, liberación

release mechanism, mecanismo de desenganche

removal, remoción

rescue, salvar

residential construction, construcción residencial

resistance, resistencia

respirator, respirador

respirator mask, máscara respiradora

restraining cable, cable de contención

retaining wall, muro de contención

retention pond, estanque de retención

retrieval system, sistema de recuperación

reverse signal alarm, alarma de retroceso

rigging, cableado

ring buoy, boya salvavidas anular

ring test, prueba de sonido por percusión

rivet, remache

rolling scaffold, andamio móvil

rollover protective structure (ROPS), estructura de protección contra vuelco

roof, techo

roof bracket scaffold, andamio de palometa para techo

roof drain, desagüe del techo

roof framing, armazón de tejado

roofing bracket, soporte de techo

rubbing varnish, barniz de frotar

rubble concrete, concreto de mampuestos

rung, peldaño

runoff, escorrentía/escurrimiento

rust, óxido

S

safety belt, cinturón de seguridad

safety equipment, equipo de seguridad

safety factor, factor de seguridad

safety glasses, lentes de seguridad

safety harness, arnés de seguridad

safety helmet, casco de seguridad

safety latch, pestillo de seguridad

safety light, luz de seguridad

safety net, red de seguridad

safety vest, chaleco de seguridad

sand, arena

sandstone, arenisca

sash, marco de ventana

sash lift, elevador de ventana

sawhorse, caballete

scaffold, andamio

scaffolding, andamiaje

scale, escala

screw, tornillo

seat belts, cinturón de seguridad

septic tank, fosa séptica

sewer, alcantarilla

shading coefficient, coeficiente de sombra

sheet metal, lámina de metal

sheeting, revestimientos de la zanja

shelf angles, angular de asiento

shielded metal - arc welding, soldadura por arco metálico protegido

shielding protection, escudo de protección

ship scaffold, andamio de barco

shock loading, carga súbita

shore scaffold, andamio con puntal

shoring, apuntalamiento

shoring layout, plan de apuntalamiento

short circuit, cortocircuito

shoulder harness, arnés de hombro

shovel, pala

show rafter, cabio visto

shower, regadera/ducha

shutoff value, válvula de cierre

side rail, larguero lateral

siding, forrado

silica, sílice

single-point adjustable scaffold, andamio ajustable de apoyo sencillo

sink, lavabo

skylight, tragaluz

skyscraper, rascacielos

slab, losa

slab on grade, losa sobre el suelo

slag concrete, concreto de escorias

slaked lime, cal apagada

slate, pizarra

sliding door, puerta corrediza

sliding doors, puertas corredizas

sliding sash, bastidor corredizo

sliding trench shield, protector deslizable para zanja

sling, eslinga

sling line, línea para levantar o mover material

slop, pendiente

sloping system, sistema de ángulo de inclinación

smoke alarm, alarma contra humo

snap hook, gancho de seguridad

snap-off-anchor, anclaje de golpe único

socket, receptáculo

socket wrench, llave de dados

soft material, terreno blando

softwood, madera blanda

soil, suelo

soil test, prueba de terreno

soil type, tipo de suelo

solar panel, panel solar

solder, soldadura

solid, firme

solid fuel salamander, estufa de combustible sólido

solid web, alma sólida

sound level meter, medidor de niveles de sonido

splayed brick, ladrillo alfeizado

splice, empalme

splice box, caja de empalmes

split bolt connector, bifurcador

split rim, aro partido

spoil pile, montón de material excavado

sponge, esponja

spot welding, soldadura por punto

springwood, madera de primavera

sprocket, rueda dentada

spud wrench, llave de conector de acero

squared splice, junta escuadrada

stable rock, piedra estable

stack effect, tiro

stacking pin, pasador de apilar

stain, mancha

stainless steel, acero inoxidable

stairs, escalera

stairway railing, baranda de escalera

stall door, mampara

standpipe, torre de suministro de agua

static charge, carga estática

stationary mixer, mezcladora / hormigonera estacionaria

steel, acero

steel construction, construcción en acero

steel joist, vigueta de acero

steel shackle, grillete de acero

stilts, zancos

stirrup, estribo

stitching, costura

stonework, empedrado

storage, bodega

string line, línea

stringing, tendido

struck-by, golpeado/impactado

structural grade aluminum, aluminio de tipo estructural

strut, codal

stucco, estuco

styrofoam, casetón

subconductor, conductor secundario

subrail, apoyo inferior de riel

supplier, proveedor

supply, abastecimiento

supply hose, manguera de abastecimiento

supported scaffold, andamio de base

supporting cable, cable de suspensión

supporting member, pieza de apoyo

supporting structures, estructuras de apoyo

supporting systems, sistema de apoyo

supporting tie, amarre de retención

suspended scaffold, andamio voladizo

suspension wire rope, cable de suspensión

swimming pool, alberca/piscina

swing radius, radio de recorrido

swing stage scaffold, andamio suspendido y oscilante

switch, interruptor/apagador

T

T hinge, bisagra en T

T plate, placa en T

tag line, cable de maniobra

tagout, bloqueo de energía usando etiqueta

tamping, apisonamiento

tape, cinta

tape measure, cinta para medir

temple, templo

temporary lighting, alumbrado provisional

temporary wiring, alambrado provisional

tensile loading, carga sometida a tracción

terminal screw, tornillo de las terminales

terrace, terraza

test light, lámpara de prueba

thermal break, ruptura térmica

thermal comfort, confort térmico

thermal insulation, aislamiento térmico

thermal mass, masa térmica

thermal resistance, resistencia térmica

thimble, guarda cabo

three-prong plug, enchufe macho de tres patillas

three-wire type, tipo tres alambres

tie line, línea de conexión

tieback, cuerda de anclaje

tie-off, amarre

tile, azulejo

tilting mixer, mezcladora basculante

timber connectors, fijadores para madera

tin, estaño

tire rack, porta-neumáticos

tool, herramienta

tool carrier, cargadora de herramienta

toolbox, caja de herramientas

torque, torsión

torque wrench, llave de torsión

tower, torre

tower truck, camión de torre

track, vía

tractor, tractor

traffic cones, conos de seguridad

transformer, transformador

transit-mixed concrete, concreto mezclado durante el trasporte

trap-door, trampa

tread, huella de escalón

trench, zanja

trench box, caja de trinchera

trencher, zanjadora

trestle ladder, escalera de caballete

trestle scaffold, andamio de caballete

trowel, allanadora

truck, camión / camión de carga

truck mixer, mezcladora sobre camión

truss clips, grapas para cerchas

tube and coupler scaffold, andamio tubular con acoplador

tubing, cañería

tubular scaffolds, andamiaje tubular

tubular welded frame scaffold, andamio de armazón tubular soldada

turn around area, área de maniobras

two-point suspension scaffold, andamio de suspensión doble

U

underpinned, apuntalado

uniform, uniforme

uniloader, minicargadora

unprotected edge, borde expuesto

unprotected side, lado expuesto

unstable, inestable

unstable material, terreno inestable

unstable soil, suelo inestable

uplift, levantamiento

urban planning, planeación urbana

urinals, mingitorios

V

vacuum, vacío

valley jack, cabio de lima hoya

valve protecting cap, gorro protector de la válvula

valve seat, asiento de la válvula

valve stem, vástago de la válvula

vapor / moisture barrier, barrera anti-humedad

varnish, barniz

vault, bóveda

veneer, enchape

vent, ventilación

vertical, pulidora vertical

vertical slip form, molde de deslizamiento vertical

vest, chaleco

vinyl, vinilo

voltage, voltaje

vulcanized, vulcanizado

W

wading pool, chapoteadero

waffle flat plate construction, concretado en dos direcciones

walkway, andador

wall, muro

wall anchor, anclaje para muro

wall box, caja en muro

wall finish, enjarre aplanado fino

warning signs, avisos de precaución

washed concrete, concreto lavado

washer, rondana / arandela

waste water, aguas residuales

water putty, masilla de carpintero

web, alma/vigueta

welding helmet, careta de soldar

wet method, método en mojado

wheel loaders, cargadora de ruedas

wheelbarrow , carretilla

width, anchura

window jack, andamio de palometa de ventana

window jack scaffold, andamio de escala para limpiar ventanas

wire, alambre

wire conductor, conductor

wire rope clip, grapa para cable

wire tie, amarre de alambre

wiring, alambrado

wood, madera

wood pole scaffold, andamio de poste de madera

wooden bracket form scaffold, andamio de palometa de gato

work vest, chaleco de trabajo

working deck, plataforma de trabajo

working load, carga de trabajo

wound, herida/lesión

wrecking ball, bola de demolición

wrench, llave

Z

zero carbon building, edificio cero emisiones

zoning, zonificación

SPANISH-ENGLISH
ESPAÑOL-INGLÉS

A

abanderado, flagman

abastecimiento, supply

abertura, opening

abrasivo, abrasive

abrazadera, brace

acabado, finishing

accesorio, fitting

accesorios, fittings

accesorios de conexión, mating fitments

accesorios metálicos, hardware

accesorios para tubos, pipe fittings

aceite de linaza, linseed oil

aceite de linaza cocido, boiled oil

aceite de semilla de cáñamo, hempseed oil

aceite para moldes, form oil

aceleración, acceleration

acelerador, accelerator

acero, steel

acero de refuerzo, reinforcing steel

acero estirado en frío, cold-drawn steel

acero galvanizado, galvanized steel

acero inoxidable, stainless steel

acetileno, acetylene

acido para limpiar ladrillos, builder´s acid

acometida, drop wire

acoplador, coupler

acoplamientos de pernos ajustables, adjustable bolt inserts

acunado, cribbed

adhesivo, adhesive

aditamento ajustable, flexible fitting

aditivo, admixture

adobe, adobe

adoquín , paving stone

aereador para grifos de lavamanos, faucet sink aerator

aerógrafo, airbrush

afianzador de acero corrugado, corrugated iron fastener

ágata, agate

agente de conservación, preservative

agente de permeabilidad, permeability agent

agotamiento de oxígeno, oxygen depleting

agua de cola, glue water

agua potable, potable water

aguas residuales, waste water

aislado, insulated

aislado, isolated

aislador, insulator

aislamiento, insulation

aislamiento de relleno, loose-fill insulation

aislamiento metálico, metallic insulation

aislamiento por relleno, fill-type insulation

aislamiento reflectante, reflective insulation

aislamiento térmico, thermal insulation

aislante de porcelana, knob insulator

alambrado, wiring

alambrado provisional, temporary wiring

alambre, wire

alambre de tierra, ground wire

alambre eléctrico sin aislamiento, bare conductor

alambre para fusible, fuse wire

alambre para jalar, bull wire

alambre recocido, annealed wire

alarma contra humo, smoke alarm

alarma contra ladrones, burglar alarm

alarma de incendio, fire alarm

alarma de retroceso, reverse signal alarm

albañilería/mampostería, masonry

alberca/piscina, swimming pool

alcantarilla, sewer

allanadora, trowel

alma de cable independiente, independent wire rope core

alma sólida, solid web

alma/vigueta, web

almohadilla filtrante, filter pad

almohadillado, padding

altura de arranque, height of opening

altura de caída, fall height

altura de cerramiento, height of closing

alumbrado provisional, temporary lighting

aluminio, aluminum

aluminio de tipo estructural, structural grade aluminum

aluminio para aislamiento, aluminum foil insulation

amarre, tie-off

amarre de alambre, wire tie

amarre de retención, supporting tie

amasadora para juntas, drywall mud masher

ambiente, environment

amianto prensado, asbestos lumber

anchura, width

anclaje, anchor

anclaje, anchorage

anclaje de barandilla, rail bolt

anclaje de cimentación, foundation bolt

anclaje de expansión tipo Molly, Molly expansion anchor

anclaje de golpe único, snap-off-anchor

anclaje de tornillo de avance, lead screw anchor

anclaje de vigueta, joist anchor

anclaje para muro, wall anchor

anclaje rectangular, rectangular tie

anclajes de metálicos, metal ties

anclajes de pilares, column anchorage

anclajes de plástico, plastic anchors

andador, walkway

andamiaje, scaffolding

andamiaje pesado, builder´s staging

andamiaje tubular, tubular scaffolds

andamio, scaffold

andamio ajustable de apoyo sencillo, single-point adjustable scaffold

andamio ajustable de suspensión múltiple, masons' adjustable multiple-point suspension scaffold

andamio ajustable de suspensión múltiple, multi-point adjustable scaffold

andamio colgante, float scaffold

andamio colgante, hanging scaffold

andamio colgante para interiores, interior hung scaffold

andamio con base cuadrada para albañil, bricklayers' square scaffold

andamio con puntal, shore scaffold

andamio de área grande, large area scaffold

andamio de armazón tubular soldada, tubular welded frame scaffold

andamio de armazón tubular soldado, fabricated frame scaffold

andamio de barco, ship scaffold

andamio de base, supported scaffold

andamio de caballete, horse scaffold

andamio de caballete, trestle scaffold

andamio de escala para limpiar ventanas, window jack scaffold

andamio de espiga, needle beam scaffold

andamio de gato, pump jack scaffold

andamio de molde, form scaffold

andamio de molde con palometa de metal, metal bracket form scaffold

andamio de palometa, jack scaffold

andamio de palometa de carpintero, carpenters' bracket scaffold

andamio de palometa de gato, wooden bracket form scaffold

andamio de palometa de ventana, window jack

andamio de palometa en escalera, ladder jack scaffold

andamio de palometa para techo, roof bracket scaffold

andamio de poste, pole scaffold

andamio de poste de madera, wood pole scaffold

andamio de poste independiente, independent pole scaffold

andamio de silla mecedora, boatswain's chair scaffold

andamio de suspensión con niveles múltiples, multi-level suspended scaffold

andamio de suspensión doble, two-point suspension scaffold

andamio movible impulsado manualmente, manually propelled mobile scaffold

andamio móvil, mobile scaffold

andamio móvil, rolling scaffold

andamio para decorador, decorator scaffold

andamio para enyesar, plasterers' scaffold

andamio reclinado, lean-to scaffold

andamio suspendido y oscilante, swing stage scaffold

andamio tubular con acoplador, tube and coupler scaffold

andamio voladizo, outrigger scaffold

andamio voladizo, suspended scaffold

angular, angle iron

angular de asiento, shelf angles

angular de metal, metal angle

angulares de madera, corner boards

ángulo, corner angle

ángulo de reposo, angle of repose

anillo inmovilizador, locking ring

anteproyecto, drafting instructions

apagador / interruptor automático, automatic time switch

apagador / interruptor de cordón, pull switch

apagador / interruptor de puerta, door switch

apagador / interruptor de servicio, entrance switch

apagador / interruptor empotrado, flush switch

aparato de aviso de proximidad, proximity warning device

apartamentos, apartments

apisonamiento, tamping

aplanadora de concreto, bull float

aplanar, backdrag

apoyo inferior de riel, subrail

apoyo para clavazón, nailing block

apoyos de viga, girder supports / girder posts

apuntalado, underpinned

apuntalamiento, shoring

arcilla, clay

arcilla esquistosa, clay shale

arcilla refractaria, fire clay

arco, arch

área de maniobras, turn around area

área reglamentada, regulated area

áreas habitables, living areas

arena, sand

arena de relleno aceitada, fill oiled sand

arena para mortero, mortar sand

arenisca, sandstone

arenisca ferruginosa, brownstone

árido fino, fine aggregates

árido mineral, mineral aggregate

áridos, aggregate

áridos naturales, natural aggregates

armadura, reinforcing bars

armadura interior de una cornisa, bracketing

armar, assemble

armazón, framework

armazón de sierra caladora, coping frame

armazón de tejado, roof framing

arnés, harness

arnés de hombro, shoulder harness

arnés de seguridad, safety harness

aro de tracción, pulling ring

aro partido, split rim

arquitectura, architecture

asbestina, asbestine

asbesto, asbestos

asfalto, asphalt

asiento de la válvula, valve seat

atrapado, caught-in

avisos de precaución, warning signs

azotea, deck roof

azulejo, colored tile

azulejo, tile

B

bajante pluvial, downspout

balcón, balcony

banda metálica, metal strip

banda transportadora, belt conveyor

banda transportadora, conveyor belt

banquetilla de friso, picture rail

baranda de escalera, stairway railing

barandal, guardrail

barandilla, rail

barniz, varnish

barniz de acabado, finishing varnish

barniz de aceite, oil varnish

barniz de frotar, rubbing varnish

barra, bar

barra colectora, bus bar

barra curva, bent bar

barra deforme, deformed bar

barras de compresión, compression bars

barrena, auger

barrera, barricade

barrera, barrier

barrera anti-humedad, vapor / moisture barrier

barro vidriado, faience

bastidor, case

bastidor, rack

bastidor corredizo, sliding sash

bastidor de cajón, box frame

bastidor de ventanillo, hopper frame

batería, battery

bifurcador, split bolt connector

bisagra, hinge

bisagra en T, T hinge

bisagra plana, butt hinge

biselado, faceted

biselado, featheredging

bloque, building block

bloque de cenizas, cinder block

bloque de relleno, filler block

bloque hueco de cemento, hollow concrete block

bloqueo de energía usando candado, lockout

bloqueo de energía usando candado y etiqueta, lockout/tagout

bloqueo de energía usando etiqueta, tagout

bloqueo por aire, air lock

bloques para conducción de humos, chimney blocks

bodega, storage

bola de demolición, demolition ball

bola de demolición, wrecking ball

bolsa plástica sellada para remoción, glove bag

bomba, pump

bomba de calor con aire como fuente caliente, air source heat pump

borde expuesto, unprotected edge

botas de canilleras altas, high top boots

bote salvavidas, lifesaving skiff

bóveda, vault

boya salvavidas anular, ring buoy

bozal, muzzle

brazo de grúa, jib

brida, bridle sling

bronce, bronze

C

caballete, sawhorse

cabina, cockpit

cabio bajo, bottom rail

cabio de lima hoya, valley jack

cabio falso, false rafter

cabio laminado, laminated rafter

cabio visto, show rafter

cable, cable

cable a tierra, ground line

cable armado, armored cable

 cable de carga, load line

cable de contención, restraining cable

cable de izar, hoist line

cable de maniobra, tag line

cable de puente eléctrico, jumper

cable de retorno a tierra, ground return cable

cable de suspensión, supporting cable

cable de suspensión, suspension wire rope

cable doble, duplex cable

cable eléctrico, electric cord

cable flexible, flexible cable

cable flexible para puente eléctrico, flexible jumper cord

cable para puente eléctrico con conexión a tierra, ground jumper cable

cableado, rigging

cableado interior, interior wiring

cables conductores, leads

cables de enganche, cable attachments

cabo de mecha, butt

cadena, chain

cadena de aleación de acero, alloy steel chain

caída libre, free fall

caja de conexión, junction box

caja de derivación, conduit box / pull box

caja de empalmes, splice box

caja de fusibles, fuse box

caja de herramientas, toolbox

caja de trinchera, trench box

caja en muro, wall box

caja para tomacorriente, outlet box

caja portátil para zanja, portable trench box

cal anhidra, anhydrous lime

cal apagada, slaked lime

cal viva, quick lime

calafeteado, caulking

caldera, boiler

caliducto, caliduct

cámara de aire comprimido, caisson

cámara de aire comprimido, compressed air chamber

camilla de canasta, basket stretcher

camión / camión de carga, truck

camión de pre-mezclado, ready-mix truck

camión de torre, tower truck

camión de volteo, dump truck

camión industrial, powered industrial truck

camioneta, pick-up truck

campana, hood

canal, gutter

canasta, basket

canasta elevada, aerial lift

canasta elevada motorizada, aerial lift truck

canasto aéreo, aerial bucket

cáncamo, eyebolt

candado, padlock

candado/cerradura, lock

candelas largas, foot-candles

cantera, quarry

cañería, tubing

capa base, base coat

capa de acabado, finish coat

capa tapaporos, priming coat

capacidad de salida, output capacity

capacidad térmica, heat number

caperuza, chimney cap

capota, canopy

carbonato cálcico, calcium carbonate

careta, face shield

careta de soldar, welding helmet

carga, load

carga de trabajo, working load

carga estática, static charge

carga máxima calculada, maximum intended load

carga sometida a tracción, tensile loading

carga súbita, shock loading

carga viva, live load

carga viva, live load

cargador, loader

cargador delantero, front-end loader

cargadora de herramienta, tool carrier

cargadora de ruedas, wheel loaders

cargas por gravedad, gravity loads

carpintero, carpenter

carretilla, wheelbarrow

carrito para cargar concreto, concrete buggy

casa, house

casco, hard hat

casco, helmet

casco de seguridad, protective helmet

casco de seguridad, safety helmet

casetón, styrofoam

castillo, cornerstone beam

catedral, cathedral

celador, lineman

cemento, cement

cemento escobillado, brushed cement

cemento pulido, buffed/smoothed cement

ceniza, ash

cepillo, brush

cerco rústico de palos, grape stake fence

cerradura mecánica, mechanical lock

cerrojo doble, duplex lock

cerrojo muerto, dead bolt

cielo, ceiling

cierre, closure

cilindro, cylinder

cilindro acoplado, coupled cylinder

cilindro ramificado, manifolded cylinder

cimientos, foundation

cinta, tape

cinta para medir, measuring tape

cinta para medir, tape measure

cinturón de seguridad, body belt

cinturón de seguridad, safety belt

cinturón de seguridad, seat belts

circuito con pérdida a tierra, ground-fault circuit

circuito de conexión a tierra, grounding circuit

circuito ramal, branch circuit

clasificado, graded

clavadoras, nailers

clavar por el revés, backnailing

clavija, pin

clavija, plug

clavija de alineamiento, dowel

clavija hembra, female plug

clavija macho, male plug

clavo, nail

cloruro cálcico, calcium chloride

cobre, copper

cobreado galvánico, copper plating

codal, strut

coeficiente de sombra, shading coefficient

colar (concreto), pour (concrete)

color semi-mate, eggshell

columna, column

columnata, colonnade

compensador de nivel, grade trimmer

comportamiento ambiental, environmental performance

compresor, compressor

compresor de aire, air compressor

concretado en dos direcciones, waffle flat plate construction

concretado en tiempo caluroso, hot weather concreting

concretado en tiempo frío, cold weather concreting

concreto aireado, aerated concrete

concreto aislante, insulating concrete

concreto armado, reinforced concrete

concreto celular, air-entrained concrete

concreto con árido visto, exposed aggregate

concreto de árido grueso, heavyweight concrete

concreto de cenizas, cinder concrete

concreto de escorias, slag concrete

concreto de mampuestos, rubble concrete

concreto de peso normal, normal weight concrete

concreto en masa, plain concrete

concreto endurecido, hardened concrete

concreto fresco, fresh concrete

concreto lavado, washed concrete

concreto mezclado durante el trasporte, transit-mixed concrete

concreto plástico, plastic concrete

concreto pobre, harsh

concreto postensado, post-tensioned concrete

concreto prefabricado, precast concrete

concreto pre-mezclado, ready-mix concrete

concreto pretensado, prestressed concrete

concreto/hormigón, concrete

condominio, condominium

conducto, chute

conducto de extracción, exhaust duct

conductor, wire conductor

conductor de conexión a tierra, grounding conductor

conductor flexible, flexible cord

conductor principal, lead wire

conductor secundario, subconductor

conductor sin energía, de-energized conductor

conductos, ducts

conector, connector

conexión a tierra, attaching ground

conexión a tierra, grounding

conexión a tierra de las máquinas, machine grounding

conexión a tierra para protección, protective ground

conexión de cordón a cordón, cord-to-cord connection

conexión de manguera, hose coupling

confort térmico, thermal comfort

conos de seguridad, traffic cones

construcción en acero, steel construction

construcción ligera, lightweight construction

construcción residencial, residential construction

construcción sin pérdida, lean construction

contacto aterrizado, grounded outlet/ wire

contaminante en partículas, particulate contaminant

contrapeso, backstress

contrapesos, front weights

contratuerca, backnut

control de enganche, hitch command

control de inundación, flood control

control hidráulico, hydraulic control

controles administrativos, administrative controls

controles de ingeniería, engineering controls

cordón detonador, detonating cord

cordón eléctrico de uso rudo, heavy duty electric cord

cordón y enchufe, cord and plug

corriente de pérdida, fault current

cortador, cutter

corte por arco eléctrico, arc cutting

corte por llama oxiacetilénica, gas cutting

cortina, curtain

cortocircuito, short circuit

costo de capital, capital cost

costo de fin de ciclo, end-of-life cost

costo neto actualizado, net present cost

costura, stitching

cota de nivel, grade figure

creosota, creosote

criterio de iluminación, lighting criteria

cruceta, cross brace

cuadra, city block

cubeta, bucket

cubeta conductora de electricidad, conductive bucket

cubeta para concreto, concrete bucket

cubierta, counter

cubierta, decking

cuerda de anclaje, tieback

cuerda de cáñamo, manila rope

cuerda de izar, hoist rope

cuerda de seguridad, lanyard

cuerda de seguridad, lifeline

cuerda para medir, measuring rope

cuna, cradle

CH

chaleco, vest

chaleco de seguridad, safety vest

chaleco de trabajo, work vest

chaleco salvavidas, buoyant vest

chaleco salvavidas, life jacket

chapa de refuerzo, double plate

chapoteadero, wading pool

choque eléctrico, electrical shock

D

decibel, decibel

decoración de terreno exterior, landscaping

demanda energética, energy demand

demolición, demolition

depósito cerrado, locked magazine

depósito de aguas grises, gray reservoir

derrumbe/desprendimiento, cave-in

desagüe del techo, roof drain

desagües laterales, edge sub-drains

descontaminación, decontamination

desplazamiento del oxígeno, oxygen displacing

detención de caída, fall arrest

detonación, blasting

detonación eléctrica, electric blasting

dintel, header

dique provisional, cofferdam

diseño de edificios pasivo, passive building design

dispositivo de protección contra sobrecorriente, over-current device

dispositivo inmovilizador, locking device

dispositivo inmovilizador del carro, car arresting device

dispositivo que impide el exceso de velocidad, overspeed preventive device

distancia mínima de seguridad, minimum clearance distance

doblar, bend

doble viga, double trimmer

dren, drain

durmiente, mud sill

E

ebanistería, cabinet work

ecovivienda, eco-house

edificio, building

edificio cero emisiones, zero carbon building

edificio de energía positiva, positive energy building

electricidad, electricity

electricidad fotovoltaica, photovoltaic electricity

electricidad sin conexión a la red, off-grid electricity

electricista, electrician

electrocución, electrocution

electrodo, electrode

electrodo de conexión a tierra, grounding electrode

electroestático, electrostatic

electromagnético, electromagnetic

elevación, elevation

elevador / ascensor, elevator

elevador de ventana, sash lift

elevador para trabajadores, personnel hoist

elevador por trinquete, ratchet hoist

eliminación, disposal

eliminación de moho, mold remediation

emisión de compuestos volátiles, offgassing

empalme, splice

empalme de argolla, eye splice

empedrado, stonework

empernado, bolting

empleado/obrero, employee

empotrado, housing

empuñadura de barra, bar handle

encerramiento, enclosure

enchape, veneer

enchufe de piso, floor plug

enchufe macho de tres patillas, three-prong plug

energía de entrada, input energy

engranaje, gear

enjarre aplanado fino, wall finish

entablado, planked

entrada, entryway

entrenamiento sobre riesgos de caída, fall hazard training

equipo, equipment

equipo de aire para corte con arco, air arc-gouging equipment

equipo de protección contra caídas, fall protection equipment

equipo de protección personal, personal protective equipment

equipo de salvamento, life saving equipment

equipo de seguridad, safety equipment

equipo para movimiento de tierra, earthmoving equipment

equipo para trepar usado por el personal, personal climbing equipment

escala, scale

escalera, stairs

escalera conductora de electricidad, conductive ladder

escalera de caballete, trestle ladder

escalera doble de peldaños, double cleat ladder

escalera fija, fixed ladder

escalera mecánica, escalator

escalera portátil, ladder

escoria caliente, hot slag

escorrentía/escurrimiento, runoff

escotilla, hatchway

escritorio, desk

escudo de protección, shielding protection

escurrimiento, drain down

eslinga, sling

eslinga de argolla, eye sling

eslinga sin fin, endless sling

esmeriladora horizontal, horizontal grinder

espacio confinado, confined space

espejo, mirror

esponja, sponge

esquinero, knee brace

estabilizador, outrigger

estanque, pond

estanque de retención, retention pond

estaño, tin

estribo, hanger

estribo, pier

estribo, stirrup

estribo de viga, beam hanger

estribo/soporte, abutment

estribos para vigueta, joist hangers

estructura con bajo contenido de armaduras, low reinforced structure

estructura de protección contra vuelco, rollover protective structure (ROPS)

estructura de soporte de suelo, earth bearing structure

estructuras de apoyo, supporting structures

estuco, stucco

estufa de combustible sólido, solid fuel salamander

etiqueta, label

etiquetado, labeling

evaluación de impacto, impact assessment

evaluación postocupación, post occupancy evaluation

excavación, excavation

excavación para zapata, footing excavation

excavación rellenada, backfilled excavation

excavadora, excavator

excavar, dig

extender, expand

extensión eléctrica, extension cord

extintor, extinguisher

extintor, fire extinguisher

F

factor de seguridad, safety factor

factor de seguridad para estallido, bursting safety factor

faldón, extra overhang

falla, failure

falleba de pie, foot bolt

falso pilote, cushion head

felpudo de puerta, carpet strip

ferretería de acabado, finish hardware

fibra de vidrio, fiberglass

fijadores para madera, timber connectors

fijo, fixed

filtro, canister

filtro de salida, downstream filter

filtro para máscara antigás, gas mask canister

firme, solid

flama abierta, open flame

flotador, float

fluido refrigerante, coolant

fontanero, plumber

forrado, siding

forrado de tablas solapadas, drop siding

forro de tablones, lagging

fosa séptica, septic tank

foso, pit

fractura por fragilidad, brittle fracture

fregadero, dish sink

fuego/incendio, fire

fuente, fountain

fuga, leak

fundente, flux

fundidor con camisa de aire, air jacketed melter

fusible, fuse

fusible (elemento), fuse link

fusible de cartucho, cartridge fuse

fusible de cinta, fuse strip

fusible encerrado, enclosed fuse

fusión total, melt-through

G

gabinete, cabinet

gancho, hook

gancho de seguridad, snap hook

gas inflamable, flammable gas

gas licuado de petróleo, liquefied petroleum gas

gasolina, gasoline

gato, jack

gato hidráulico, hydraulic jack

generador, generator

golpeado/impactado, struck-by

gorro protector de la válvula, valve protecting cap

grano transversal, cross-grain

grapa para cable, wire rope clip

grapas para cerchas, truss clips

grapas para tendido de cable, cleat wiring

grava, gravel

gravilla, coarse aggregate

greca, fret

grieta, crack

grieta/fisura, fissure

grillete de acero, steel shackle

grúa, crane

grúa de caballete, gantry crane

grúa de martillo, hammerhead tower crane

grúa elevada, overhead crane

grúa helicóptero, helicopter crane

grúa móvil, mobile crane

grúa para izar, erection crane

guantes, gloves

guarda, guard

guarda cabo, thimble

guardafango, mud flap

H

hacha, axe

hebilla, buckle

herida/lesión, wound

hermeticidad, air tightness

hermético, air tight

herrajes, furnishings

herramienta, tool

herramienta eléctrica portátil, portable electric tool

herramienta hidráulica, hydraulic tool

herramienta neumática, pneumatic power tool

herramienta neumática, pneumatic tool

hierro, iron

hierro fundido, cast iron

hierro ondulado / placa ondulada, corrugated iron

hincapilotes, pile driving

hoja de comprobación, check list

hoja exterior/contrachapado, face veneer

holgura, looseness

hoyo para poste, pole hole

hueco en el piso, floor hole

huella de escalón, tread

humo, fume

I

iglesia, church

iluminación con reflectores de luz directa, down lighting

iluminación fluorescente, fluorescent lighting

impacto ambiental, environmental impact

impedancia, impedance

impedancia acústica, acoustic impedance

incrustación, inlay

indicador, gauge

inestable, unstable

inflamable, flammable

inhalación, inhalation

inmediatamente peligroso a la vida y la salud, IDLH

instalación eléctrica provisional, knob-and-tube wiring

Instituto Americano de Normas Nacionales, American National Standards Institute (ANSI)

interconexión, cross-connection

interruptor, disconnect switch

interruptor de circuito, circuit breaker

interruptor de circuito con pérdida a tierra, ground-fault circuit interrupter

interruptor de contacto continuo, dead-man switch

interruptor de presión constante, constant pressure switch

interruptor para parada de emergencia, emergency stop switch

interruptor/apagador, switch

intrínsecamente seguro, intrinsically safe

inyector de aire, air ejector

izador, hoist

izador tipo tambor, drum-type hoist

J

jabalcón empotrado, housed brace

jácena, bridging joist

jaula, cage

junquillo para cristales, glass stop

junta, joint

junta a media madera, covered joint

junta a tope, abutting joint

junta achaflanada, beaded joint

junta angular, edge joint

junta de conexión, clamping plate

junta de dilatación, expansion joint

junta de fachada, face joint

junta de mansarda, knuckle joint

junta de soldadura, joint runner

junta de trabajo, cold joint

junta escuadrada, squared splice

junta recta, butt joint

junta soldada con soplete, blown joint

L

laca, lacquer

lado de cara, face side

lado expuesto, open-sided

lado expuesto, unprotected side

ladrillo / tabique, brick

ladrillo abovedado, arch brick

ladrillo adovelado, radiating brick

ladrillo agramilado, pressed brick

ladrillo alfeizado, splayed brick

ladrillo aplantillado, bull header

ladrillo con bisel, cant brick

ladrillo crudo, cob

ladrillo de albardilla, coping brick

ladrillo de caja, king closer

ladrillo de construcción, building brick

ladrillo de coronación, capping brick

ladrillo de fachada, face brick

ladrillo de relleno, backing brick

ladrillo hueco, air brick

ladrillo jumbo, jumbo brick

ladrillo modular, modular brick

ladrillo prensado, engineer´s brick

ladrillo refractario, firebrick

ladrillo refractario, refractory brick

lamina, laminate

lámina de metal, sheet metal

lámina exterior del panel, fascia panel

laminación de piezas planas, face grain

lámpara, lamp

lámpara de alta intensidad, flood lights

lámpara de brazos, cluster lamp

lámpara de prueba, test light

lámpara de techo, ceiling light

lana mineral, mineral wool

larguero intermedio, midrail

larguero lateral, side rail

latón, brass

lavabo, sink

lechada, grout

lente de seguridad transparente, clear safety lens

lentes de seguridad, safety glasses

levantamiento, uplift

liberación, release

línea, string line

línea aérea, overhead line

línea de conexión, tie line

línea de distribución, branch line

línea de nivelación, grade line

línea de retención, guy line

línea de tracción, pulling line

línea eléctrica, power line

línea eléctrica aérea, overhead power line

línea para levantar o mover material, sling line

líquidos hidráulicos, hydraulic fluids

lixiviado, leachate

llama, flame

llave, wrench

llave ajustable, adjustable wrench

llave de cadena, chain tongs

llave de conector de acero, spud wrench

llave de dados, socket wrench

llave de impacto, impact wrench

llave de perro, pipe wrench

llave de torsión, torque wrench

losa, slab

losa sobre el suelo, slab on grade

losetas de corcho, cork tiles

lujoso, luxurious

luz de seguridad, safety light

luz delantera, headlight

M

macizos de anclaje, anchor blocks

madera, lumber

madera, wood

madera acanalada, coulisse

madera armada, armored wood

madera blanda, softwood

madera cepillada, dressed lumber

madera contrachapada revestida, faced plywood

madera de derribo, old wood

madera de primavera, springwood

madera dura, hardwood

madera en tablones, plain-sawed wood

madera laminada, laminated wood

madera laminada, plywood

madera prensada, hardboard

madera seca, dry lumber

madera secada al aire, air dried lumber

madera verde, green lumber

malla, mesh

malla metálica, lath

malla protectora, enclosing-screen

mampara, bulkhead

mampara, stall door

mancha, stain

manguera, hose

manguera de abastecimiento, supply hose

manguera de boca descubierta, open end hose

manguito de conducto, conduit bushing

manguito de dilatación, expansion sleeve

manguito roscado, nipple

mantel, insulation blanket

mantenimiento, maintenance

maqueta, model

máquina, machine

maquina con movimiento en dos direcciones, bi-directional machine

marco, casing

marco, frame

marco de aluminio, aluminum frame

marco de la puerta, door frame

marco de ventana, sash

margen, clearance

margen de seguridad, clearance distance

mármol, marble

mármol artificial, artificial marble

marmolado, marbling

martillo, hammer

martillo neumático, jack hammer

martillo neumático remachador, pneumatic riveting hammer

martillo rompe-concreto, concrete breaker

martinete, gin pole

masa térmica, thermal mass

máscara, face mask

máscara antigás, gas mask

máscara para el polvo, dust mask

máscara respiradora, respirator mask

mascarilla, half mask

masilla de calafatear, caulking compound

masilla de carpintero, water putty

masilla de cristalero, glazier's putty

masilla de pintor, painter's putty

mastique para enlucidos de yeso, putty in plastering

mastiques, mastics

material, material

material absorbente, dope

material acústico, acoustical material

material corrugado, corrugated material

material de relleno, filler

material ondulado, corrugated material

material para junta de dilatación, expansion strip

material que contiene asbesto, asbestos containing material

material que se presume contiene asbesto, presumed asbestos containing material(PACM)

máxima superficie de construcción, max building footprint

máxima superficie del sitio, max site coverage

mecánico, mechanic

mecanismo de combustión interna, internal burning medium

mecanismo de desenganche, release mechanism

mecha, fuse (explosive)

medidor de niveles de sonido, sound level meter

metal, metal

metal corrugado, corrugated metal

metal de relleno, filler metal

método de fijación con mortero, back butter

método en mojado, wet method

metro, meter

mezcladora / hormigonera estacionaria, stationary mixer

mezcladora basculante, tilting mixer

mezcladora de mortero, mortar mixer

mezcladora de mortero de yeso, plaster mortar mixer

mezcladora para concreto, concrete mixer

mezcladora sobre camión, truck mixer

mezcladoras instantáneas de barro y resinas, jiffy mud and resin mixers

microhormigón, micro-concrete

mingitorios, urinals

minicargadora, uniloader

mini-excavadoras, mini-excavator

mobiliario, furniture

modificada en el campo de trabajo, field modified

modo de salida, means of egress

moldaje, formwork

molde, form

molde de deslizamiento vertical, vertical slip form

molde de metal, metal form

molde para concreto, concrete form

moldeado, molded

moldura, molding

moldura de goterón, drip mold

moldura denticulada, dentil band

molduras, edge forms

montacargas, forklift

montacargas, lift truck

montacargas voladizo para trabajadores, cantilever type personnel hoist

montón de material excavado, spoil pile

monumento, monument

mortero/argamasa, mortar

motor, engine

motor, motor

movimiento de tierra, earth work

muestra gruesa, bulk sample

múltiple/distribuidor, manifold

muro, wall

muro de carga, load bearing wall

muro de contención, retaining wall

N

nivel, level

nivel bajo de oxígeno, oxygen deficient

nivel freático, ground water table

nivel máximo de presión de sonido, peak sound pressure level

niveladora, grader

niveladora / aplanadora, land plane / steamroller

no conductor de electricidad, non-conductive

O

obra, construction site

operación de ensamblaje, framing operation

orificio/hueco, hole

oruga de bastidor largo, long track crawler

óxido, rust

óxido de hierro, mill scale

oxígeno, oxygen

P

pala, shovel

pala mecánica, power shovel

pala retro-excavadora, backhoe

palacio, palace

palanca, lever

palometa de gato, pump jack bracket

panel acústico, acoustical board

panel de control, control panel

panel solar, solar panel

paneles de techo, ceiling tiles

parachoques/defensa, bumper

parallamas, flash-arresting screen

parte conductora de corriente, current-carrying part

parte viva, live part

partícula volátil, flying

pasador ahusado, drift pin

pasador de acoplamiento, coupling pin

pasador de apilar, stacking pin

pasamano, grab rail

pasamano, handrail

pasillo, passageway

paso para la fauna, fauna passage

pasta de cemento, cement paste

pata, leg

patrón, pattern

peldaño, cleat

peldaño, rung

pendiente, slop

peraltes, front of steps

perchas para tubos, pipe hangers

pérdida de tierra, ground fault

perforadora direccional horizontal, horizontal directional driller

perforadora eléctrica, power drill

perilla, doorknob

perilla, knob

periodo de amortización, payback period

permeabilidad, permeability

permiso de construcción, building permit

perno, field bolt

pernos de anclaje, anchor bolts

pernos roscados, machine bolts

persona calificada, qualified person

personalizado de lujo, high-end custom

pesado, heavy

pestaña, flange

pestillo, catch

pestillo de seguridad, safety latch

pico, peak

piedra caliza, limestone

piedra de afilar, grindstone

piedra de construcción, building stone

piedra de esmeril y herramienta abrasiva, abrasive wheel and tool

piedra estable, stable rock

pieza de anclaje, anchorage member

pieza de apoyo, supporting member

piezas especiales de plástico, plastic tile

pilotaje, piling

pilote de grava, gravel pile

pintura, paint

pintura para cubiertas, deck paint

piso, flooring

pisos prefabricados, lift slab construction

pistola de aire, air gun

pizarra, slate

placa, plate

placa de anclaje, anchor plates

placa de asiento (vigas), bearing plate

placa de carga, load plate

placa de soporte, base plate

placa en T, T plate

placa para puerta, doorplate

plafón, ceiling panel

plan de apuntalamiento, shoring layout

plan maestro, master plan

plancha, long strip

plancha de metal, metal plate

planeación urbana, urban planning

plano, plan

planos, blueprints

planta, Floor/level

planta, plant

planta compresora, compressor plant

plástico reforzado con fibra de vidrio, fiberglass reinforced plastic

plásticos, plastics

platabanda, cover plate

plataforma, deck

plataforma, platform

plataforma de carga, landing

plataforma de descanso, landing platform

plataforma de detención, catch platform

plataforma de escalera, ladder-type platform

plataforma de extensión, extension platform

plataforma de metal para trabajos livianos, light metal type platform

plataforma de trabajo, working deck

plataforma de trabajo elevadiza, elevating work platform

plomería, plumbing

plomo, lead

poliestireno, polystyrene

polvo, dust

polvo nocivo, harmful dust

porta-electrodos, electrode holders

porta-neumáticos, tire rack

poste, pole

pozo de registro, manhole

prefabricar, prefabricate

presión, pressure

pretil, overhang

primeros auxilios, first aid

programa para asegurar la conexión a tierra del equipo, assured equipment grounding conductor program

propano, propane

protección contra caídas, fall protection

protección contra objetos en caída, falling object protection

protección contra sobrecorriente, over-current protection

protección para pie, foot protection

protector del aislamiento, insulation shielding

protector deslizable para zanja, sliding trench shield

protegido, guarded

proveedor, supplier

prueba de caída por impacto, impact loading test

prueba de sonido por percusión, ring test

prueba de terreno, soil test

prueba manual, manual test

puente, ledger

puente eléctrico, bonding jumper

puente voladizo, outrigger ledger

puerta, door

puerta con hueco aislante, hollow core door

puerta corredera, pocket door

puerta corrediza, sliding door

puertas corredizas, sliding doors

puertas plegadizas, accordion doors

puesto a tierra, ground support

pulidora, grinder

pulidora angular, angle grinder

pulidora vertical, vertical

puntal, boom

punto de apoyo, fulcrum point

punto de inflamación, flashpoint

punto sobresaliente, landmark

Q

químico, chemical

R

radiador por convección, convector radiator

radio de recorrido, swing radius

rascacielos, skyscraper

reactancia acústica, acoustic reactance

receptáculo, socket

recipiente a presión, pressure vessel

recipiente de procesamiento, process vessel

recubrimiento de cielorraso acústico, acoustical ceiling coating

red, net

red de seguridad, safety net

reforzamiento, bracing

reforzamiento transversal, cross bracing

refrigeración natural, natural cooling

refuerzo diagonal, diagonal bracing

regadera/ducha, shower

registro, cleanout

reglamentaciones sobre protección térmica, heat protection regulations

rejilla, grid

relleno, fill

relleno suelto, loose fill

remache, rivet

remoción, removal

remoción de riesgo, abatement

remolque, hauling

resguardo superior, overhead protection

residuos de derribo de la construcción, construction waste

resistencia, resistance

resistencia a tierra, ground resistance

resistencia térmica, thermal resistance

respirador, respirator

respirador con boquilla, mouthpiece respirator

respirador con boquilla purificadora de aire, air-purifying mouthpiece respirator

respirador con línea de aire, air line respirator

respirador con máscara completa purificadora de aire, air-purifying full facepiece respirator

respirador con mascarilla purificadora del aire, air-purifying half-mask respirator

retención de vientos, guying

retorno a tierra, ground return

retroceso de la llama, flash-back

revestimientos de la zanja, sheeting

riel largo soldado, long welded rail

rieles, railing

riesgo de caída, fall hazard

riesgo de objetos salientes, projection hazard

rondana / arandela, washer

rondana / arandela achaflanada, bevel washer

rondana / arandela para cerradura de husillo, cylinder ring

rotulación, marking

rueda dentada, sprocket

rueda dentada de cadena, chain sprocket

ruido, noise

ruido interrumpido, impulsive noise

ruido por impacto, impact noise

ruptura térmica, thermal break

S

sala de estar, living room

salpicadero, back splash

salvar, rescue

seguros con traba, locking dogs

sierra caladora, jigsaw

sierra circular, circular saw

sierra de cadena, chain saw

sierra para concreto, concrete saw

sílice, silica

sin energía, de-energized

sistema colector, collecting system

sistema de ángulo de inclinación, sloping system

sistema de apoyo, supporting systems

sistema de barandas, guardrail system

sistema de calefacción y enfriamiento, heating and cooling system

sistema de detención de caídas, fall arrest system

sistema de extracción, exhaust system

sistema de prevención de caídas, fall restraint system

sistema de protección contra caídas, fall protection system

sistema de recuperación, retrieval system

sistema de ventilación nocturna, night-time ventilation system

sistema para bombeo de concreto, pumpcrete system

sistema pasivo de refrigeración, passive cooling system

sistemas de protección, protective systems

sistemas de recuperación de calor, heat recovery systems

sobrecorriente, overcurrent

soga trenzada, braided rope

soldadura, solder

soldadura por arco con electrodos de carbón, carbon-arc welding

soldadura por arco eléctrico, arc welding

soldadura por arco metálico en gas inerte, inert-gas metal-arc welding

soldadura por arco metálico protegido, shielded metal - arc welding

soldadura por arco protegido por gas, gas-shielded arc welding

soldadura por llama de gas, gas welding

soldadura por punto, spot welding

sombrero, hat

soplete oxiacetilénico, oxyacetylene torch

soporte, bearer

soporte, bracket

soporte de techo, roofing bracket

soporte hemisférico, hemispherical bearing

suelo, soil

suelo inestable, unstable soil

suspendido en el aire, airborne

sustancia cáustica, caustic

T

tabla, plank

tablón con listones, chicken ladder

tacha de cobre, copper clout nail

taladro mecánico manual, hand-held powered drill

tambor elevador, hoisting drum

tanque de galvanización, galvanizing tank

tanque recipiente de aire con alarma, air storage receiver with alarm

tapa, lid

tapones de oídos, ear plugs

tarima, pallet

techo, roof

tejidos, fabrics

templo, temple

tendido, stringing

tensión por tracción, pulling tension

terminal de línea eléctrica, dead-end point

terraplén, bank

terraza, terrace

terreno blando, soft material

terreno inestable, unstable material

tierra, ground

tipo de suelo, soil type

tipo tres alambres, three-wire type

tirador de cajón, drawer pull

tirador de puerta, door pull

tiro, stack effect

toldos para terraza, porch canopies

toma de fuerza, power take off (PTO)

tomacorriente, outlet

tomacorriente de receptáculo, receptacle outlet

tope de puerta, door stop

tornillo, screw

tornillo Allen, Allen screw

tornillo de las terminales, terminal screw

tornillos de acero inoxidable para madera, headed waxed woodscrews

torno de izar, overhead hoist

torre, tower

torre de suministro de agua, standpipe

torre del montacargas, hoist tower

torsión, torque

trabajador de plafón, ceiling worker

trabes, main beams

tractor, tractor

tractor con pala mecánica, bulldozer

tractor de oruga, caterpillar

tractor de oruga, crawler tractor

tractor de orugas, crawler dozer

tragaluz, skylight

tramo de la cerca, fence run

tramo descendente, down leg

trampa, trap-door

transformador, transformer

transmisión, power shift

transmisión y distribución de energía, power transmission and distribution

transportador, conveyor

transportador de frente, face conveyor

tratamiento anti-moho, mold-proofing

trazo, layout

trenza, lay

tronco, log

tubería, pipes

tubo, pipe

tubo de drenaje, drainpipe

tubo de extracción, exhaust pipe

tubo inyector, jet pipe

tuerca, nut

U

unidades de serpentín y ventilador, fan coil units

uniforme, uniform

unión a media madera, end lap joint

unir/ensamblar, abut

V

vacío, vacuum

vallado, fence line

válvula de cierre, shutoff value

válvula de purga superior, high bleed valve

válvula del cilindro, cylinder valve

varilla de soporte, backing rod

vástago de la válvula, valve stem

vehículo de motor, motor vehicle

velocidad de disparo del regulador, governor tripping speed

ventana de cabina, cab window

ventana de guillotina doble, double hung window

ventilación, vent

ventilación por extracción local de aire, local exhaust ventilation

vertedero, landfill

vestimenta conductora de electricidad, conductive clothing

vía, track

vibrador para concreto, concrete vibrator

vidrio, glass

viga, beam/girder

viga de espiga, needle beam

viga del plafón, ceiling beam

viga en voladizo, cantilever

viga metálica, metal truss

viga transversal, cross beam

viga voladiza, outrigger beam

vigueta, rafter

vigueta de acero, steel joist

vigueta de acero con alma abierta, open web steel joist

viguetas de techo, ceiling joists

viguetas voladizas, cantilever joists

vinilo, vinyl

vivo, alive

voladizo, cantilevered

voltaje, voltage

voltaje de un circuito conectado a tierra de manera efectiva, effectively grounded circuit voltage

voltaje inducido, induced voltage

vulcanizado, vulcanized

Y

yeso, plaster

yuxtaposición, juxtaposition

Z

zancos, stilts

zanja, trench

zanjadora, ditch digger

zanjadora, trencher

zapata, footing

zoclo, baseboard

zona controlada durante instalación de cubierta, controlled decking zone

zona de acceso controlado, controlled access zone

zona verde, green belt

zonificación, zoning

ACERCA DEL AUTOR

Durante más de 25 años, José Luis Leyva se ha desempeñado como intérprete y traductor en diversas áreas técnicas, incluyendo la industria de la construcción. Su amplia experiencia lingüística lo ha llevado a interpretar para Presidentes de la República, gobernadores latinoamericanos y estadounidenses, embajadores, presidentes de compañías transnacionales, jueces, fiscales, peritos y doctores. Es también autor de varias obras, entre las que se incluyen los libros de terminología técnica de áreas especializadas.

www.ingramcontent.com/pod-product-compliance
Lightning Source LLC
Chambersburg PA
CBHW070652290526
45790CB00001B/291

* 9 7 8 1 5 0 2 4 6 8 1 6 1 *